Copyright © 2023 Kroko Verlag

Alle Rechte vorbehalten.

Die Rechte des hier verwendeten Textmaterials liegen ausdrücklich beim Verfasser. Eine Verbreitung oder Verwendung des Materials ist untersagt und bedarf in Ausnahmefällen der eindeutigen Zustimmung des Verfassers.

Inhaltsverzeichnis

Angst vor dem großen Tag 6

Eine unerwarteter Besucher 10

Schule der Abenteurer 14

Schule der Astronauten 22

Schule der Superhelden 30

Jetzt geht es los 38

Elias sah hinauf in den Himmel, an dem gerade zwei bauschige weiße Wolken vorbeizogen. ››Guck mal, die sehen ein bisschen aus wie eine Drachenmutter und ihr Junges‹‹, sagte er und stupste seinen Freund Tom mit dem Ellenbogen an.

››Hast recht‹‹, meinte Tom und kickte einen Kieselstein vom Wegesrand. ››Schade, dass es keine echten Drachen gibt.‹‹

Elias seufzte und wandte seinen Blick wieder auf den Gehweg. ››Finde ich auch‹‹, stimmte er seinem Freund zu und zog traurig die Mundwinkel nach unten. Wenn es Drachen gäbe, dann könnte er bestimmt einen um Hilfe bitten, damit er am Montag nicht zur Einschulung musste. Während die zwei Jungen durch den städtischen Park schlenderten, stellte Elias sich vor, dass er mit einem solchen Drachen ganz weit weg flog.

››Ich bin schon so gespannt darauf, wer alles in unserer Klasse sein wird‹‹, sagte Tom in die Gedanken seines Freundes hinein. Genau wie Elias war auch er sechs Jahre alt und gehörte somit zu den baldigen Erstklässlern.

Als Elias nichts auf seine Aussage erwiderte, blieb Tom stehen und warf seinem Freund einen fragenden Blick zu.

››Du kommst mir irgendwie komisch vor‹‹, sagte er und zog die blonden Augenbrauen in der Mitte zusammen. ››Freust du dich denn gar nicht auf die Schule?‹‹

Elias seufzte und schob die Hände in die Hosentaschen.

››Doch, schon‹‹, antwortete er wenig überzeugend. Normalerweise erzählte er Tom alles, aber er wusste einfach nicht, wie er ihm oder seinen Eltern erklären sollte, dass er schreckliche Angst vor der Einschulung hatte. Was, wenn er etwas in der Schule falsch machte? Oder wenn Tom sich mit anderen Kindern anfreunden und ihn allein zurücklassen würde? Außerdem war es auch möglich, dass Elias im Unterricht nicht mitkam oder dass er von anderen ausgelacht werden würde, weil er nicht so sportlich wie andere Kinder war.

Elias' Herz schlug schnell, als er sich all die Situationen in der Schule vorstellte. Am liebsten wäre er einfach im Kindergarten geblieben. Weshalb nur musste sich auf einmal alles ändern?

»Na ja, wie auch immer«, fuhr Tom fort, »ich gehe jetzt heim. Wir sehen uns dann am Montag in der Schule!« Tom lächelte und klopfte Elias freundschaftlich auf die Schulter.

Elias sah Tom nach, bis er um die Ecke zum Kirchplatz gebogen war. Dann setzte er sich auf eine freie Parkbank und vergrub das Gesicht in den Händen.

»Ich wünschte, es würde ein Wunder geschehen«, flüsterte er und presste die Lippen fest zusammen. Er fühlte sich, als wöge sein Körper so viel wie ein riesiger Lastwagen. Ob das von jetzt an immer so sein würde, wenn es um die Schule ging?

Der Wind frischte auf und wirbelte Elias braune Haare durcheinander. Vor ihm tanzten einige heruntergefallene Blätter wild umher. Auf einmal erklang ein tiefes Grollen. Elias erschrak so sehr, dass er beinahe von der Bank gefallen wäre.

»Was war das?«, rief er und sprang auf. Als er sich umsah, wirkte der Park menschenleer, er war ganz allein, bis auf … Elias riss die Augen auf. Dort hinten, neben der großen Rotbuche stand ein Drache! Das konnte doch nicht sein! Hastig kniff der Junge sich in den Arm, um sicherzugehen, dass er nicht träumte. Aber es geschah nichts, er wachte nicht auf und der Drache stand immer noch an Ort und Stelle! Wieder erklang das Grollen. Der Drache öffnete sein Maul und entblößte eine Reihe weißer, ziemlich scharf aussehender Zähne. Die meisten Kinder hätten nun sicher Reißaus genommen, doch aus irgendeinem Grund spürte Elias, dass der Drache ihm nichts tun würde.

»**K**omm zu mir!«, erklang eine tiefe Stimme. Elias kniff die Augen zusammen. Allem Anschein nach konnte der Drache sogar sprechen!

»Wow, irre«, wisperte Elias ehrfürchtig und lief langsam auf den unerwarteten Besucher zu. Die Haut des Drachen war schuppig und von einer Farbe, die an Moos im Wald erinnerte. Dazu hatte er ledrige Flügel, die bestimmt eine Spannweite von mindestens fünf Metern aufwiesen. Elias traute seinen Augen noch immer nicht. Das war sowas von cool!

»Wer bist du?«, fragte er und blieb mit ein wenig Sicherheitsabstand vor dem Drachen stehen.

Etwas in den goldbraunen Augen des Tieres leuchtete auf, als es das Maul öffnete: »Mein Name ist Felix und ich komme, weil du mich brauchst. Ich bin ein Schutzpatron für all diejenigen, die nach mir rufen.« Felix sah auf den langen, mit spitzen Stacheln besetzten, Schwanz des Drachen.

, aber bei einem echten Drachen konnte man schließlich nie wissen.

»Ich liebe Abenteuer, Reisen rund um die Welt und neue Entdeckungen«, sprach Felix weiter, »und wenn du mir vertraust, dann nehme ich dich jetzt mit und helfe dir dabei, deine Angst vor der Einschulung zu überwinden.«

»Ich glaube nicht, dass das funktioniert«, antwortete Elias und ließ die Schultern hängen.

»Möchtest du es versuchen?«, fragte Felix freundlich.

Stumm nickte Elias. Die Chance auf einem echten Drachen zu reiten, wollte er sich nicht entgehen lassen!

›Dann klettere hinauf auf meinen Rücken‹‹, sagte Felix und stellte sich so hin, dass Elias sich an seinem Hals hinaufschwingen konnte.

»Als erstes besuchen wir die Schule der Abenteurer‹‹, verkündete Felix und breitete seine Flügel aus. Elias Augen weiteten sich, als er bemerkte, wie riesig sie waren. »Halt dich gut fest, mein kleiner Freund‹‹, riet ihm Felix, ehe er sich vom Boden hinauf in die Lüfte stieß. Elias gehorchte und schmiegte sich so eng an den Drachen, wie er konnte. Von hoch oben blickte er auf seine Stadt hinab, die immer kleiner wurde.

Gemeinsam sausten sie durch flauschige Wolkenberge, flogen über Flüsse und Wiesen und landeten irgendwann auf einem Felsvorsprung.

»Dort müssen wir hinein«, sagte Felix und deutete mit seiner breiten Schnauze auf eine dunkle Höhle. Wagemutig ging Elias voran. Zum Glück hatte Felix die Idee, eine Holzfackel mit seinem Feuerschwall zu entzünden, sodass sie ein wenig Licht bei ihrer Erkundungstour hatten. Nach einigen Metern erreichten sie einen unterirdischen See.

»Das sind Morgentausteine«, erklärte Felix mit Blick zu den leuchtenden Kugeln, die sich rundherum an den Felswänden befanden. Durch ihr Licht erkannte Elias die vielen kleinen Boote, die in dem See schwammen. Darin saßen lauter Kinder, die alle in dieselbe Richtung schauten. Als Elias ihrem Blick folgte, entdeckte er am anderen Ende der Höhle eine sehr dünne, große Frau, die etwas auf ein Klemmbrett schrieb.

›Das ist die Lehrerin‹‹, erklärte Felix. In diesem Augenblick sah die Frau auf und sagte: ››Ich heiße euch alle herzlich willkommen in der Schule der Abenteurer! Ihr seid die mutigsten Kinder des Landes.‹‹ Einige der Kinder jubelten und klatschten in die Hände, was ihre Boote leicht zum Schwanken brachte. ››Deshalb wird eure erste Aufgabe nun sein, dem Riesen Gustavo die Heilsalbe für seinen verletzten Fuß aufzutragen.‹‹ Ein Raunen hallte durch die Höhle. Erschrocken sahen sich die Kinder an.

››Wer ist denn dieser Riese?‹‹, wollte Elias von Felix wissen. ››Ist er sehr gefährlich?‹‹

››Warte es ab‹‹, erwiderte Felix ruhig, ››das wirst du gleich sehen.‹‹

»Die Lehrerin zückte einen Zauberstab und tippte damit zweimal in die Luft. Auf einmal drehte sich alles um Elias herum und verschwand in einem leuchtenden Strudel. Das Licht war so hell, dass er die Augen schließen musste. Als er sie wieder öffnete, befand er sich zusammen mit dem Drachen Felix und dem Rest der Klasse hoch oben auf einem Berg. Nur wenige Zentimeter Felsen trennten sie von der Tiefe.

»Wie ... wie ist das möglich?««, wollte Elias von Felix wissen. »Eben waren wir doch noch in der Höhle.««

Sanft stupste der Drache den Jungen mit seiner Schnauze an. »Echte Magie gibt es überall. Man muss nur die Augen offenhalten und an sie glauben««, antwortete er. Mit dem Schwanz zeigte er auf einen großen braunen Felsen, der sich nicht weit von Elias entfernt befand. Bei genauerem Hinschauen erkannte der Junge jedoch, dass es sich dabei nicht um Gestein, sondern um den zusammengerollten Körper eines Riesen handelte! Die anderen Kinder bemerkten es ebenfalls und näherten sich dem Riesen vorsichtig.

»Denkt dran, Riesen sind unberechenbar, wenn sie sich angegriffen fühlen«, warnte die Lehrerin, die etwas abseits stand. Elias' Puls beschleunigte sich, als sich ein Junge in seinem Alter als Erster an das Bein des Riesen heranwagte. Mit spitzen Fingern schob er die Hose am Knöchel ein Stück zurück und entblößte eine offene Wunde. Gerade als der Junge etwas von der mitgebrachten grünen Paste auftragen wollte, zuckte der Riese plötzlich. Der Junge erstarrte und auch Elias hielt vor lauter Schreck die Luft an. Doch dann gähnte der Riese nur herzhaft und schlummerte sogleich weiter. Elias atmete erleichtert auf. Zielstrebig tupfte der Junge der Abenteurerschule die Paste auf die Wunde und strahlte, als er es geschafft hatte, ohne den Riesen zu wecken.als er es geschafft hatte, ohne den Riesen zu wecken.

»Wow, das war so mutig von ihm!«, bemerkte Elias.

Felix nickte. »Mutig zu sein bedeutet nicht, dass man keine Angst hat. Der Junge wusste um die Gefahr, die von dem schlafenden Riesen ausging«, sagte er ruhig, »aber ihm zu helfen und sich an seinem ersten Tag in der Schule zu beweisen, war ihm wichtig genug, um seine Angst zu überwinden und einen Versuch zu wagen.«

»Und er hat es echt gut gemacht«, erwiderte Elias, während er dabei zusah, wie die Lehrerin und die anderen Kinder den Jungen beglückwünschten.

»Und du, mein kleiner Freund, kannst genauso mutig und tapfer sein«, sagte Felix. Die Augen des Drachen schienen mit einem Mal noch goldener als zuvor zu funkeln. »Und jetzt geht es weiter. Ich will dir noch mehr zeigen!«

Unsicher sah Elias zwischen dem Drachen und den Schülern der Abenteuerschule hin und her.

Gerne hätte er erfahren, was diese Kinder am heutigen Einschulungstag noch für Abenteuer erlebten. Außerdem interessierte es ihn wahnsinnig, wie groß der Riese war, wenn er nicht gerade ein Nickerchen machte. Ob er dieselbe Sprache wie Elias sprach? Oder vielleicht riesisch?

»Können wir irgendwann noch einmal hierher zurückkehren?« Hoffnungsvoll schaute Elias seinen Schutzpatron an.

Felix schwenkte seinen Stachelschwanz hin und her. Nach einem kurzen Moment des Nachdenkens antwortete er: »Das machen wir. Versprochen!«

Wieder schwebten Elias und Felix durch die Lüfte. ››Was ist eigentlich mit meinen Eltern?‹‹, fragte Elias. ››Was soll ich ihnen sagen, wo ich gewesen bin?‹‹

Felix warf einen kurzen Blick über seine Schulter. ››Mach dir darüber keine Sorgen. Dank meiner Zauberkräfte werden sie gar nicht merken, dass du weg gewesen bist.‹‹

››Cooool!‹‹, stieß Elias aus und dachte daran, dass er Felix unbedingt mal um seine Hilfe bitten müsste, wenn er das nächste Mal länger mit seinem Freund Tom draußen spielen wollte.

››Am besten, du schließt jetzt deine Augen‹‹, riet Felix, als sie über ein Dorf flogen. Natürlich wollte Elias wissen, weshalb. Daraufhin erklärte ihm der Drache, dass er jetzt eine Menge Magie einsetzen würde, von der ein zu grelles Licht für das menschliche Auge ausging. ››Nur so gelangen wir an unser nächstes Ziel‹‹, erklärte er.

»In Ordnung«, erwiderte Elias und war gespannt darauf, wohin es dieses Mal ging. Kurz bevor er die Augen schloss, bemerkte er noch, wie die Augen des Drachen immer heller und heller erstrahlten. Dann wurde es auf einmal sehr kalt. Elias fröstelte.

»Gleich wird dir wieder wärmer«, erklang die Stimme des Drachen und tatsächlich, keine zwei Sekunden später, fror er nicht mehr. Es verging noch einige Zeit, in der sich Elias, ohne etwas zu sehen, an Felix festklammerte. Dann sagte sein neuer Freund endlich: »Du kannst die Augen jetzt wieder öffnen. Wir sind da.« Kaum hatte er die Worte ausgesprochen, spürte Elias einen leichten Ruck. Sie waren gelandet.

»Moment mal«, sagte Elias, »sind wir etwa … auf einem anderen Planeten?« Er sah sich um.

Felix schmunzelte. »Du bist sehr klug«, erwiderte er. »Wir sind auf dem Mars. Hier befindet sich eine geheime Astronautenschule. Sollen wir einen Blick hineinwerfen?«

Die Raumstation, in der sich die Astronautenschule befand, war gerade einmal so groß wie Elias' Elternhaus. Außerdem gab es nur sechs Schülerinnen und Schüler, vier Mädchen und zwei Jungen. Der Lehrer war ein kleiner, dicklicher Mann mit Glatze und einem Schnurrbart.

»Ein Raketenantrieb ist ausgefallen. Kann mir einer von euch sagen, was wir in einem solchen Fall tun müssen?«, fragte er die Kinder.

Fünf Hände schnellten in die Luft. Nur die eines Jungen mit kupferrotem Haar blieb unten. Der Lehrer sah sich um. Ausgerechnet den Jungen, der sich nicht gemeldet hatte, nahm er schließlich dran.

»Na, Raphael, hast du auch eine Idee?«, fragte er. Der Junge namens Raphael rutschte ein Stück auf seinem Stuhl nach unten. Es sah aus, als würde er am liebsten in einem plötzlich auftauchenden schwarzen Loch verschwinden.

Nervös trippelte Elias vor und zurück. Könnte er dem Jungen doch bloß irgendwie helfen! Elias verstand sehr gut, wie der Junge sich gerade fühlte. Er hatte selbst große Angst, dass er einmal in der Schule drangenommen würde und etwas nicht wusste.

Der Junge räusperte sich. »Im Moment fällt mir leider nichts ein«, gab er ehrlich zu und senkte den Blick auf die Tischplatte vor ihm. Voller Anspannung sah sich Elias im Klassenraum um. Er dachte, die anderen würden den Jungen nun auslachen. Doch das taten sie nicht. Auch der Lehrer schimpfte nicht, sondern sagte einfach: »Das macht nichts! Ich habe auch nicht immer alle Antworten parat.« Er wandte sich zu einem braunhaarigen Mädchen, das in der Mitte saß, und sich immer noch meldete. »Vielleicht kann Christine uns weiterhelfen«, schob er mit einem Zwinkern nach. Kurz schaute er noch einmal zu dem Jungen und warf ihm ein freundliches Lächeln zu. Dann verkündete Christine die richtige Antwort und alle applaudierten.

»Ich dachte immer, es wäre viel schlimmer, wenn man etwas in der Schule nicht weiß«, sagte Elias zu Felix.

»Das verstehe ich«, antwortete der Drache gelassen, »aber ich versichere dir, es macht überhaupt nichts und ist völlig normal, auch mal keine Ahnung oder etwas vergessen zu haben. Die Schule ist zum Fehlermachen da. So lernt man.« Mit einem warmen Blick aus seinen golden funkelnden Augen schaute der Drache Elias an.

»**A**ber es ist ja nicht nur das, was mir Angst macht. In der Schule kann einfach so viel schiefgehen! Was, wenn ich keine Freunde finde? Oder, wenn meine Lehrer doof sind und mir der Unterricht keinen Spaß macht?«
Elias spürte, wie sich bei diesen Gedanken sein Magen zusammenzog.

»Ich habe auch manchmal vor bestimmten Sachen Angst«, erwiderte Felix. »Ab und zu Angst zu haben, gehört zum Leben dazu, weißt du? Aber die Schule ist nur eine von vielen neuen Herausforderungen, die dir noch begegnen werden.« Der Drache senkte den Kopf, sodass Elias über seine schuppige Haut streicheln konnte. »Oder hättest du gestern gedacht, dass du dich heute trauen würdest, einem gefährlichen Riesen nahezukommen?«

Elias schüttelte den Kopf. »Ich hätte auch nicht gedacht, dass selbst du ab und zu Angst hast«, entgegnete er und runzelte die Stirn, »ich habe immer angenommen, Drachen fürchten sich vor gar nichts.«

Felix lachte leise. ››Nun weißt du es besser‹‹, antwortete er. ››Sogar die stärksten und mächtigsten Geschöpfe haben manchmal Angst.‹‹

››Okay‹‹, murmelte Elias und überlegte, ob auch er sich trotz seiner Angst am Montagmorgen in die Schule wagen sollte. Wer weiß, vielleicht würde er dort auch solche tollen Klassenkameraden haben, die ihn niemals auslachen, wenn er etwas falsch machte oder mal eine Antwort nicht wusste.

››Können wir noch ein bisschen die Raumstation und den Mars besichtigen?‹‹, fragte er, als Felix sich zum Gehen wandte.

››Das machen wir ein anderes Mal‹‹, antwortete der Drache. ››Jetzt habe ich noch eine letzte Schule, die ich dir auf unserer Reise zeigen will. Spring auf, mein kleiner Freund!‹‹

Nachdem Elias dieses Mal seine Augen wieder geöffnet hatte, blickte er auf azurblaues Wasser. Auf den Wellen des Meeres schwammen weiße Schaumkronen und immer mal wieder tauchte sogar ein Schwarm Delphine auf. Elias kuschelte sich an Felix und atmete die salzige Luft ein.

»Das ist sooo spitze!«, schwärmte er. Trotz der aufregenden Reise fühlte er immer wieder, wie sehr ihn die Anwesenheit von Felix beruhigte und ihm Mut machte.

»Viel Spaß euch noch! Bis zum nächsten Mal!«, rief Felix einem Delphingespann zu, als Land in Sicht kam.

»Du kannst auch mit anderen Tieren sprechen!«, stellte Elias begeistert fest. Der Drache bejahte dies mit einem kleinen Feuerschwall. Als sie dem Strand immer näherkamen, erkannte Elias, dass es sich bei dem Land um eine Insel handelte. Darauf stand eine Burg mit roten und blauen Fähnchen.

»Wir sind da«, verkündete Felix und landete sanft auf einem der vier Burgtürme. Durch eine Falltür kletterten der Junge und der Drache in die Burg hinein.

Elias wollte gerade fragen, ob sie sich nun in einer Schule für Ritter befanden, da erklang am anderen Ende des Ballsaals eine Stimme.

»Nein, nein, ich möchte wirklich nicht!«, sagte ein Mädchen mit kurzen, stacheligen schwarzen Haaren. Sie trug rote Stiefel und einen blauen Supergirlumhang. Auf ihrem T-Shirt war ein gelber Blitz abgebildet.

»Komm schon, Nicky, deinen Brüdern gefällt es hier auch! Sie lieben die Schule! Jetzt gib dir doch mal einen Ruck!«, sagte ein Mann mit grauem Haar, der neben dem Mädchen herlief.

»Ich bin aber nicht wie meine Brüder«, erwiderte das Mädchen und reckte trotzig das Kinn vor.

»Außerdem ...« Sie warf einen raschen Blick aus einem der vielen bodentiefen Fenster. »... ich glaube nicht, dass diese ganze Superheldensache das Richtige für mich ist. Vielleicht hätte ich besser auf eine normale Schule gehen sollen!«

Zwischen den Augenbrauen des Mannes bildete sich eine tiefe Falte.

»Nickoletta Talula Morgenstern«, sagte er ernst und hielt das Mädchen mit sanftem Druck am Ellenbogen fest, damit es stehenblieb, »du gehörst zur achten Generation von Superhelden! Du hast das magische Gen im Blut und ich verlange, dass du heute erhobenen Hauptes in die erste Klasse gehst und die beste Superheldin bist, die du sein kannst!«

»Der Vater ist aber streng«, wisperte Elias Felix zu, obwohl er inzwischen wusste, dass die Anwesenden weder ihn noch seinen Drachenfreund sehen oder hören konnten.

Felix seufzte. »Stimmt, er könnte wirklich ein bisschen freundlicher mit seiner Tochter reden. Manchmal haben auch Eltern Angst, zweifeln und wissen nicht genau, wie sie sich am besten verhalten sollen. Ich vermute, er denkt, so könne er seiner Tochter am besten an ihre innere Stärke erinnern«, erwiderte Felix.

Sie bräuchte auch einen Freund wie dich, dann würde sie sich vielleicht eher trauen«, überlegte Elias laut.

»Was an der Schule macht dir denn solche Sorgen? Wovor hast du Angst?«, fragte Nickys Vater nun in deutlich ruhigerem Ton. Er kniete sich vor seiner Tochter hin und sah ihr in die Augen.

Das Mädchen schluckte. »Dass die anderen mich blöd finden und dass ich keine Freunde finde und dann immer allein in den Pausen bin«, sprudelte es aus ihr heraus.

Verständnis und Mitgefühl machten sich auf dem Gesicht des Vaters breit.

»Es ist zwar schon ein bisschen her, dass ich in deinem Alter war«, sagte er mit einem liebevollen Lächeln auf den Lippen, »aber ich weiß noch, dass ich die gleichen Bedenken wie du hatte, als ich damals in die erste Klasse in die Superheldenschule gekommen bin.«

»Und was hast du gegen die Angst gemacht?«, fragte Nicky.

»Ich habe mit meinem Vater darüber gesprochen. Genau wie du jetzt mit mir. Und dann haben wir uns gemeinsam daran erinnert, welche magischen Kräfte in uns schlummern, und dass diese in jedem Moment unseres Lebens für uns da sind. Durch sie werden wir immer zu den Menschen geleitet, die genau richtig für uns sind und mit denen wir jede Menge Spaß haben.«

Nicky schob die Unterlippe vor und gab ein brummelndes »Hm« von sich. Ruckartig stand ihr Vater auf und zog etwas aus seiner Hosentasche. Elias kniff die Augen zusammen, um besser sehen zu können.

»Das ist ein Drachenanhänger.
Den habe ich damals von meinem Vater
zur Einschulung geschenkt bekommen. Er hat mir erzählt, dass er ihn von seinem Vater, also von meinem Großvater, bekommen hat. Angeblich ist zu dieser Zeit ein Drache namens Felix aufgetaucht, der meinem Großvater die Angst vor seiner Einschulung genommen und ihn danach immer mal wieder besucht hat.

Nicky runzelte die Stirn. »Ein echter Drache?«, fragte sie skeptisch. »Gibt's die wirklich?«

»Klar«, antwortete ihr Vater.

»Und wo ist dann dieser Felix jetzt? Weshalb ist er nie wieder aufgetaucht?«, wollte Nicky wissen.

»Nun«, begann ihr Vater langsam, »ich vermute, es liegt daran, dass wir ihn nicht gerufen haben. Möchtest du ihn rufen?«

Nicky betrachtete den grünen Drachenanhänger in ihrer Hand. Nach einigen Sekunden Bedenkzeit sagte sie: »Ich glaube, ich versuche es erst einmal allein. Aber es ist gut zu wissen, dass ich ihn rufen kann, wenn ich ihn brauche. Danke, dass du mir von ihm erzählt hast, Papa.«

Nickys Vater lächelte und gab seiner Tochter einen Kuss auf die Stirn.

»Dann mal auf in die erste Klasse der Superheldenschule!«, sagte er und reckte wie der echte Superman eine Hand in die Luft.

Als Elias am nächsten Tag mit seinem eigenen Vater vor seinem Klassenzimmer stand, dachte er zurück an die Schule der Abenteurer, an die der Astronauten und die der Superhelden. Er erinnerte sich daran, dass auch die Kinder dort etwas Neues gewagt hatten und mutig gewesen waren. Der Junge, der seine Angst überwunden und sich nah an den Riesen herangetraut hatte, tauchte vor Elias' innerem Auge auf. Ihn bewunderte er ganz besonders.

»Danke Felix, dass du mir all das gezeigt hast«, flüsterte Elias und schulterte seinen Schulrucksack, der mit orangen und blauen Drachen bedruckt war.

»**W**as hast du gesagt?«, erkundigte sich sein Vater, der neben ihm stand.

»Ach, nichts, ich bin jetzt bereit«, beeilte sich Elias zu antworten und schmunzelte in sich hinein. Die Freundschaft mit Felix war jetzt sein großes Geheimnis. Vielleicht würde er eines Tages seinem besten Freund Tom von seinen Abenteuern berichten. Oder anderen Kindern, mit denen er sich in der Schule anfreundete. Doch im Moment wollte er den Besuch von Felix ganz für sich allein behalten. Entschlossen legte Elias eine Hand auf die kühle Türklinke des Klassenzimmers. Da erspähte er aus dem Augenwinkel einen Feuerschwall hinter dem Fenster neben der Tür. Schnell rannte er hin, stellte sich auf die Zehenspitzen und spähte hinaus.

»Du bist gekommen!«, wisperte Elias, als er Felix entdeckte, der sich hinter einer großen Eiche versteckte. Der Drache lächelte. »Ich bin immer für dich da, das habe ich dir doch zum Abschied versprochen«, antwortete der Drache und Elias wusste, dass nur er allein ihn verstehen konnte.

»Danke für alles, Felix!«, sagte Elias und grinste von einem Ohr bis zum anderen.

Freudig winkte er Felix zu, ehe er sich umdrehte und mit großen Schritten auf das Klassenzimmer zusteuerte. Die Schulzeit würde absolut fantastisch werden und jede Menge neuer Abenteuer für ihn bereithalten – da war sich Elias sicher!

LASS UNS WISSEN, WAS DU DENKST!

Dein Feedback ermöglicht es uns, gemeinsam großartige Bücher zu gestalten. Deshalb würden wir uns über eine ehrliche Rezension freuen.

Scanne einfach den folgenden QR Code und gib ein ehrliches Feedback ab:

Entdecke weitere Bücher in unserem Onlineshop

http://kroko-verlag.com

Impressum

© Anika Pätzold

Das Werk ist urheberrechtlich geschützt. Jede Verwendung ohne die ausschließliche Erlaubnis des Autors ist untersagt. Dies gilt insbesondere für Vervielfältigung, Verwertung, Übersetzung und die Einspeicherung und Verarbeitung in elektronischen Systemen.

Für Fragen und Anregungen:
kontakt@kroko-verlag.com

ISBN: 978-3-949809-45-3

Originalausgabe

Erste Auflage 2023

© 2023 Kroko Verlag, ein Imprint der Wunsch Buch LLC, St. Petersburg, US

Redaktion: Leopold Heptner
Lektorat und Korrektorat: Meike Licht
Covergestaltung: Danileoart, www.danileoart.com
Satz und Layout: Danileoart

Alle Rechte vorbehalten. Vervielfältigung auch auszugsweise, nur mit schriftlicher Genehmigung des Verlages.

Printed in Poland
by Amazon Fulfillment
Poland Sp. z o.o., Wrocław

23970952R00027